MÉMOIRE

SUR *les travaux ordonnés dans les carrières sous Paris, et plaines adjacentes ; et* EXPOSÉ *des opérations faites pour leur réparation.*

Par C. A. GUILLAUMOT, architecte et inspecteur-général en chef desdits travaux, directeur de la manufacture nationale des Gobelins.

MÉMOIRE

Sur *les travaux ordonnés dans les carrières sous Paris, et plaines adjacentes.*

Depuis vingt ans, le gouvernement s'occupe des moyens de faire cesser un danger très-ancien dont étoit menacé Paris et les environs ; danger d'autant plus grand, qu'il étoit presqu'inconnu ; c'est celui qu'ont laissé subsister les exploitations des carrières, dont les pierres ont servi à construire les édifices qui couvrent le sol de cette ville immense. Avant l'année 1777, les temples, les palais, les maisons d'habitation et les voies publiques de plusieurs quartiers de Paris et des environs, étoient prêts à s'abîmer dans des gouffres, immenses par leur profondeur comme par leur étendue. Des travaux considérables ont été entrepris, pour consolider ces souterrains, et pour combler les vuides également dangereux, résultans de l'exploitation des carrières à plâtre.

Ces opérations ont été suivies avec une grande activité depuis 1777 jusqu'en 1789. A cette époque, des besoins plus pressans ont exigé des retranchemens considérables sur les fonds destinés annuellement à ces travaux importans. Cependant, depuis ce tems, des portions de carrières, qui, alors, auroient pu être réparées à peu de frais, se sont dégradées de plus en plus, et il faut y pourvoir actuellement, ou s'attendre à voir bientôt renouveller les événemens malheureux qui ont attiré l'attention du gouvernement, il y a vingt ans.

Il n'en est pas des travaux des carrières comme des autres constructions. On peut suspendre ceux d'un temple, d'un palais, ou de tout autre édifice. Avec quelques précautions, on peut garantir de la destruction les parties commencées et non achevées de ces bâtimens ; mais on ne peut apporter aucun retardement au soutien d'un édifice ou d'une voie publique, portant sur le sol fracturé d'une carrière, ni au comblement d'un vuide prêt à percer à la superficie, sous peine de voir engloutir l'édifice, le chemin, les habitans, les voyageurs, les cultivateurs, etc.

La réparation de toutes les parties excavées n'est pas, il est vrai, également urgente ; mais il faut une surveillance continuelle répandue sur tous les points excavés, et l'étendue en est considérable. Elle comprend, dans le ressort seul du département de la Seine, toute la partie méridionale de Paris, et les routes, plaines et communes, à plusieurs lieues de distance autour de la circonférence de cette ville. Cette surveillance ne peut s'exercer que par des agens payés, et ce seroit une dépense double, si on ne les occupoit pas en même tems à conduire les travaux nécessaires. Il faut donc indispensablement y destiner un fonds suffisant, pour que les frais de surveillance ne surpassent pas à la longue ceux des réparations.

Le but de l'exposé suivant, est de fixer l'attention du gouvernement sur un objet de sûreté publique de la plus haute importance, et qui ne peut être perdu de vue, sans laisser subsister des dangers qui peuvent donner lieu aux événemens les plus funestes.

EXPOSÉ

Des *opérations ordonnées dans les carrières sous Paris, et plaines adjacentes.*

Une antique tradition perpétuoit le souvenir de fouilles de carrières existantes sous le sol d'une partie de la ville de Paris, sans que personne en conçût la moindre inquiétude. On supposoit une exploitation à l'abri de tout danger, ou une surveillance portée de tout tems sur cet objet, de manière à prévenir les abus, ou à y remédier. Une petite portion de ces carrières étoit connue sous le nom de *caves de l'Observatoire*, et étoit parcourue par presque tous ceux que la curiosité portoit à visiter ce monument. Les conducteurs dans ces promenades souterraines, après avoir fait circuler ceux qu'ils

---

Nota. Bernard de Palissy, dans son traité des pierres, page 68, de l'édition du citoyen Faujas, dit *qu'en* 1575, *il visita les carrières du fauxbourg Saint-Marcel, avec un médecin de ses amis, et qu'ils allèrent près d'une lieue dans ces carrières.*

guidoient, par nombre de rues qui toutes rentrent dans les principales, les faisoient arrêter avec complaisance dans un petit renfoncement, où, sur un reste de masse de pierre, distillent quelques gouttes d'eau provenant de la fontaine qui existe dans la cour de l'Observatoire, et là, ils assuroient qu'on étoit sous la rivière, au delà du Petit-Châtelet.

Un effondrement subit et considérable, arrivé en 1774, entre le boulevard neuf et la barrière d'Enfer, jetta les premières semences d'inquiétude sur l'état où pouvoient se trouver ces anciennes carrières. Il ne fut cependant pris aucun parti à ce sujet, jusqu'en 1776. Au mois de septembre de cette année, un arrêt du conseil forma des dispositions pour la levée des plans de ces souterrains.

Les connoissances que procura le premier examen, allarmèrent le gouvernement par les dangers qu'elles annonçoient, et auxquels on ne pouvoit remédier qu'avec beaucoup de tems et de dépenses. L'*Observatoire*, le *Val-de-Grâce*, le *Luxembourg*, et d'autres monumens, se trouvant annoncés comme élevés sur d'anciennes fouilles de carrières, le directeur général des bâtimens, dans le département duquel se trouvoient ces édifices importans, crut devoir prendre connoissance par lui-même des parties accessibles. Il les visita avec le lieutenant-général de police, assistés d'une commission de membres de l'académie d'architecture, du nombre desquels étoient feux *Soufflot* et *Brébion*. Le résultat de cette visite fut de reconnoître la nécessité d'appliquer un fonds suffisant aux réparations à faire, pour prévenir des accidens sans nombre, dont la vue étoit effrayée d'avance, et de faire diriger les constructions et autres opérations par des artistes expérimentés, en nombre suffisant pour accélérer la levée des plans de ces souterrains, et pour surveiller l'exécution des travaux. Le 4 avril 1777, un arrêt du conseil nomma le directeur-général des bâtimens et le lieutenant-général de police, commissaires pour pourvoir à toutes les opérations qu'exigeoient ces carrières, et je fus chargé par eux, en qualité de contrôleur et inspecteur général en chef, de diriger ces opérations, et tous les travaux nécessaires pour la recherche et les réparations des parties excavées. Le jour même de mon installation dans cette place, fut marqué par un événement effrayant; une maison, rue d'Enfer, fut en partie engloutie dans une ancienne carrière existante à 80 pieds au dessous du sol de la cour. Une *cloche* (1), que les personnes qui dirigeoient provisoirement les opérations, avoient reconnue sous cette partie de la maison, et qu'on avoit voulu percer par le haut, afin de combler le vuide avec des gravats, avoit provoqué cet écroulement. Cet accident fit connoître combien il est dangereux de percer ces *cloches* par le haut, lorsqu'elles sont placées proche de quelqu'édifice. J'ai trouvé dans la suite, sous la rue Saint-Jacques et sous plusieurs autres quartiers, des *cloches* semblables, dont le sommet étoit à peu de distance de la superficie du pavé; j'ai pris le parti de les faire entourer par le bas d'un mur d'épaisseur convenable, et de remplir le vuide à bras

---

(1) On nomme *cloche* une excavation qui se forme naturellement dans la masse de terre qui reste depuis le vuide de la carrière jusqu'à la superficie. Cette excavation est ordinairement provoquée par quelque écoulement d'eau; et on nomme *fontis* l'ouverture que forme une *cloche*, lorsqu'elle perce à la superficie.

d'hommes avec des terres, décombres, recoupes, etc. Aucune de ces *cloches* n'a fait depuis le moindre mouvement, et lorsque, dans quelques circonstances, j'ai été forcé de les percer à la superficie, j'ai pris les précautions nécessaires pour empêcher l'effet subit de l'ouverture de ces *cloches*.

En visitant ces souterrains, je trouvai des piliers construits à différentes époques dans plusieurs endroits ; mais la position de la plupart étoit déterminée, plutôt relativement à l'état du ciel de la carrière, que par rapport aux constructions du sol supérieur à soutenir, en sorte que plusieurs édifices portoient sur des vuides, ou sur de simples remblais, tandis que des cours, ou des jardins étoient soutenus par des pilliers de solide construction. Je suivis pendant quelque tems la méthode que j'avois trouvée établie ; mais lorsque j'eus pris une connoissance suffisante du local, et sur-tout lorsque j'eus fait former une quantité de plans, embrassant une certaine étendue de terrein, je me rendis compte à moi-même de l'objet de mon travail. Je vis que l'administration se chargeoit de pourvoir à la sûreté des rues et des chemins, ainsi qu'à celle des édifices publics, mais que les habitations particulières devoient être réparées aux frais des propriétaires. Je prévis aussi que des travaux ensévelis à une si grande profondeur, pouvoient par la suite inspirer de justes craintes sur leur solidité, et même sur leur existence, si je les masquois par des remblais, comme l'étoient la plupart de ceux faits antérieurement à l'administration dont j'étois chargé. Je sentis enfin que, quelque solides que fussent ces ouvrages, ils devoient se dégrader par le laps de tems, et que s'ils n'étoient pas d'un facile accès, le remède seroit aussi difficile que coûteux. Je crus voir que si l'on avoit négligé de surveiller ces anciennes fouilles, c'est que le moyen de les visiter étoit aussi dangereux qu'incommode; une corde passée sur une poulie, avec un bâton attaché à l'un des bouts, sur lequel il falloit s'asseoir, étoit la seule manière d'y descendre, par un puits, qui présentoit, en cas de rupture de la corde, une mort d'autant plus certaine, qu'après s'être brisé par la chute contre les parois de ce puits, on finissoit par se noyer. De toutes ces réflexions est né le système que j'ai mis en pratique, et duquel je vais rendre compte.

Systéme des réparations.

L'inspection des plans m'avoit fait connoître, que les murs des édifices sur les anciennes fouilles de carrières, portoient presque tous à faux sur le vuide de ces fouilles ; le seul moyen de parer aux inconvéniens qui pouvoient résulter de cette dispotion, étoit de prolonger les fondations des murs, depuis le ciel de la carrière jusques sur la masse du fond de cette carrière, avec des empattemens suffisans, maçonnés solidement à mortier de chaux et sable.

Pour pouvoir en tout tems surveiller la conservation de ces constructions, il étoit nécessaire qu'elles fussent accessibles ; à l'effet de quoi il a été laissé sous et en dedans de la voie publique, une galerie de largeur suffisante pour le passage des matériaux de construction, à l'extrémité de laquelle il a été élevé un autre mur. Des transversales ont été ménagées de distance à autre, pour communiquer aux deux côtés des voies publiques, et pouvoir passer de l'une à l'autre galerie. Les parties renfermées ainsi par quatre murs, sont encore soutenues par une grande quantité de *piliers à bras* (1), et le tout est ensuite bourré avec des terres et recoupes de moilons ; ensorte, qu'à l'exception des galeries destinées à visiter en tous tems, et à réparer les parties qui en auront besoin, tout le dessous des rues et voies publiques, se trouve hermétiquement plein, de manière que jamais il ne peut plus s'y former aucun enfoncement.

A l'égard des galeries, par tout où le ciel de la carrière s'est trouvé bon, il sert de plafond ; mais où il étoit délité, tombé, ou trop fracturé, j'ai pris le parti de voûter et de remblayer avec des terres, depuis le dessus de la voûte jusqu'aux terres crayonneuses ou autres, qui servoient de plafond depuis la chute du ciel.

On s'est cependant écarté de la rigueur de ce système de réparation, toutes les fois que les circonstances particulières l'ont exigé. Par exemple, quand dans le percement des galeries, on a rencontré des fontis qu'il eût été dangereux de traverser, on a renoncé

---

(1) On nomme *piliers à bras*, des piliers formés de morceaux de pierres élevés à bras d'hommes, et posés à sec les uns sur les autres.

à la direction droite, pour tourner ces fontis, après quoi on a repris la première direction. Sous les parties des voies publiques, au bord desquelles il n'y a point de bâtimens, on s'est souvent contenté de construire les murs de soutennement des galeries, à pierres sèches, ou avec mortier de terre, sauf à obliger les propriétaires qui bâtiroient par la suite, à refaire solidement les murs dans la carrière.

En ménageant des communications pour pouvoir en tout tems visiter les travaux faits, ma prévoyance ne fut pas inutile. On ne tarda pas à semer des bruits sur les constructions que je dirigeois. Une commission de membres de l'académie d'architecture, composée des citoyens *Hazon*, *Brébion* et *Heurtier*, fut nommée au mois de février 1778, pour en faire l'examen, et voici comme ils s'expliquerent sur le système de réparation que je soumis à leur examen :

. . . .

» Après quoi, le sieur Guillaumot nous a
» donné communication d'un mémoire ten-
» dant à rendre compte des principes d'après
» lesquels il a opéré jusqu'à présent, et en
» conséquence desquels il compte opérer par

» la suite ; lequel mémoire nous avons an-
» nexé au présent rapport, déclarant que
» rien ne nous paroît pouvoir être mieux
» conçu que le système adopté par le sieur
» Guillaumot, pour remédier à l'état de dan-
» ger imminent où se trouvent plusieurs
» quartiers de Paris, par les excavations
» énormes et mal dirigées qui y sont prati-
» quées ; qu'ainsi il n'y a pas de meilleur
» parti à prendre que de suivre l'exécution
» de ce projet, et qu'il est à désirer que le
» gouvernement assigne des fonds suffisans
» à ces travaux, pour pouvoir les pousser
» avec l'activité qu'exige l'état périlleux où
» se trouvent ces carrières, et qui ne peut
» qu'accroître à chaque instant. »

Le 27 juillet de cette année 1778, arriva le malheureux événement de Menilmontant. Un *fontis*, formé subitement dans une carrière à plâtre, engloutit sept personnes. Jusques là l'administration ne s'étoit occupée que des fouilles qui mettoient en danger les rues et les habitations de quelques quartiers de Paris; la suite de cet événement produisit la déclaration du 5 septembre 1778, par laquelle on étendit les soins de cette administration, jusqu'à une lieue au de-là de la banlieue.

Ce

Ce malheur fixa l'attention du ministre des finances sur les dangers des carrières, et le détermina à augmenter les fonds destinés à ces travaux. Cherchant à justifier la confiance de ce ministre, je lui demandai comme une grâce spéciale de s'en faire rendre compte par des commissaires de son choix. Il accéda à ma prière, en nommant pour cet examen les citoyens *Perronnet*, premier ingénieur des ponts et chaussées, *Moreau*, architecte de la ville de Paris, *Desmaisons*, architecte du domaine, et *de Chézy*, inspecteur-général du pavé de Paris. Ces artistes expérimentés procédèrent aux visites et à l'examen de tous les atteliers, depuis le mois de février 1780 jusqu'au mois d'août. Les rapports qu'ils en ont faits au conseil, étant propres à donner toute confiance à la solidité et au système de ces travaux, j'en donnerai souvent des extraits dans ce mémoire. Si le secret, nécessaire pour des opérations de cette importance, exigeoit qu'elles ne fussent confiées qu'à une seule personne, parce qu'une allarme, même fausse, pouvoit en un moment, provoquer l'abandon de tout un quartier, il étoit également convenable que plusieurs artistes recommandables prissent à différentes époques connoissance de ces travaux, afin que la tranquillité et la sûreté d'un grand nombre de citoyens ne reposât point sur la foi d'un seul homme. Il n'étoit pas moins nécessaire que les procédés géométriques, par lesquels on établissoit des points d'appui à cent pieds au dessous des édifices à soutenir, acquissent un dégré de publicité qui pût y donner la plus grande confiance. C'est une certitude qu'on a obtenue par la destruction des carrières à plâtre, exploitées jusqu'alors par *cavage* (1). Les parties de la superficie de ces carrières, qui devoient s'écrouler en présence de ces quatre commissaires et d'un public immense, ont été marquées par des piquets, avant de mettre le feu aux mines qui devoient en renverser les piliers à plus de 140 pieds au

---

(1) On appelle *exploitation par cavage*, celle par laquelle, cherchant à éviter de déblayer les terres qui couvrent la masse du plâtre, on s'enfonce sous ces terres, en formant dans cette masse des rues souvent larges de 36 à 40 pieds, et hautes de 50 à 60 pieds. Ce genre d'exploitation qui a coûté la vie à une multitude d'ouvriers, a été défendu par la déclaration du 23 janvier 1779.

dessous, et l'enfoncement s'est toujours opéré à plomb de ces piquets.

En publiant les procédés employés pour ces ouvrages, j'ose me flatter non-seulement de calmer les inquiétudes qui ont pu naître à leur sujet, mais encore de mettre les autres départemens de la république, où existent des dangers de même nature, en état de profiter d'un travail approuvé de plusieurs artistes recommandables par leurs lumières et leur expérience.

Rue et faubourg Saint-Jacques.

La levée des plans, ordonnée par l'arrêt du conseil du 15 septembre 1776, avoit donné des connoissances allarmantes sur l'état de ce quartier. De la partie de ces carrières, connue sous le nom de *caves de l'Observatoire*, on étoit parvenu sous la rue du faubourg Saint-Jacques, et moyennant quelques galeries, on s'étoit porté dans la plaine au de-là du boulevard neuf, jusques sous l'aqueduc d'Arcueil. Un escalier, pratiqué vraisemblablement, lors de la construction du couvent du Val-de-Grâce, dans l'une des cours de ce monastère, conduisoit dans une autre partie de carrières, passant sous le jardin des Capucins, sous les Feuillantines, sous les Ursulines, sous les Carmélites, en traversant la voie publique en différens endroits. Enfin, une troisième partie de carrières avoit été reconnue sous la plaine de Montrouge, entre le boulevard neuf et le hameau de Montsouris. Ces trois parties de carrières, quoique fort vastes, ne communiquoient ensemble que par de grands détours, et des *cloches* d'une élévation effrayante, ainsi que des ciels rompus dans quelques endroits, délités dans d'autres de plusieurs bancs, enfin bouleversés par le déchirement des *fontis* voisins, mettoient chacune de ces portions de carrières en danger d'être divisées par de nouvelles chutes, et d'intercepter la sortie aux ouvriers. On avoit, comme je l'ai déja dit, élevé quelques piliers relativement à l'état des ciels; mais aucun travail réfléchi n'avoit été fait pour soutenir la voie publique et les maisons qui la bordent, ni pour rendre ces ouvrages accessibles. Ce fut donc là que je commençai à mettre en pratique le systême de réparations que l'inspection des plans m'avoit suggéré, et qe j'ai détaillé ci-devant.

Rues des Bourguignons et d'Enfer.

La rue des Bourguignons s'étant aussi trouvée excavée, on y a fait les mêmes travaux que sous celle de Saint-Jacques.

Celle d'Enfer qui avoit donné les premières allarmes, s'est trouvée la moins fouillée.

On a rencontré dans presque toute la longueur des galeries qu'on y a percées, la masse intacte.

Le peu de parties fouillées a été traité d'après le système général.

Le moilon provenant du percement des galeries sous toutes ces rues, a servi à la constructions des piliers et des murs dans les parties fouillées, ce qui a procuré le double avantage d'une grande économie, et de la parfaite connoissance du local.

Aux extrémités des rues Saint-Jacques et d'Enfer, on a trouvé des doubles carrières, qui s'étendent sous le boulevard neuf, et sous la plaine. Ce genre d'exploitation augmente considérablement le danger, en ce que les pilliers que les carriers laissent dans la carrière supérieure, portent souvent sur le vuide de la carrière inférieure. Le poids de ces piliers, agissant avec celui de la masse des terres qui les couvrent, et étant provoqué par les infiltrations d'eau, parvient à percer le plafond de la carrière inférieure, d'où il résulte un *fontis* du double de profondeur.

Lorsque les doubles carrières se sont trouvées sous des édifices, il a fallu former des piliers en maçonnerie dans la carrière inférieure, à plomb des piliers de masse restés dans la supérieure. De simples bourrages ont suffi dans les autres parties.

Aqueduc d'Arcueil.

Les premières visites faites, sous la plaine au de-là du boulevard du midi, avoient conduit dans de vastes fouilles d'anciennes carrières, où tomboit une quantité d'eau semblable à une pluie continue. Les plans firent connoître que cette eau provenoit de l'aqueduc d'Arcueil, qui passe par cette direction, et dont le dessous n'avoit pas été plus respecté que les chemins des environs.

Malgré les sages loix (1) qui défendent

(1) Arrêt du conseil du 9 mars 1633.

toutes fouilles à quinze toises de distance de chaque côté de ce monument ; la masse de pierre, formant le soutien des terres sous la maçonnerie de l'aqueduc, avoit été enlevée totalement ou en partie. Les ciels restés s'étoient délités, et un *fontis* presque continu s'étoit formé sous son cours, dans une longueur de plus de cent toises. La maçonnerie avoit cédé avec les terres entraînées par la chute successive des ciels; le chenal, les murs et la voûte, dans cette longueur, étoient lezardés, hors de leur niveau et de leur à-plomb. L'eau perçoit de toutes parts, pénétroit dans les cavités au dessous, accéléroit les progrès du mal, et mettoit l'aqueduc en danger de s'écrouler en entier dans ce *fontis*. Le 5 mars 1782, une longueur de douze toises y fut entraînée.

Dans les parties accessibles du dessous de ce monument, on a formé un massif sous toute l'épaisseur hors œuvre de la maçonnerie de l'aqueduc. De chaque côté, on a observé, comme sous les rues Saint-Jacques et autres, une galerie dans la longueur du cours de l'aqueduc, et selon la disposition du local, on a menagé des galeries transversales, tant pour la facilité du service des travaux actuels, que pour celle des visites futures. Les vuides au delà des galeries ont été bourrés de chaque côté, pour garantir ce monument de l'effet des *fontis*, dont il est environné.

Parvenu au point de la rupture de la portion tombée dans les carrières en 1782, je reconnus les dangers auxquels on seroit exposé, en voulant soutenir le surplus de l'aqueduc, de la même manière que la précédente. Il falloit se résoudre au risque continuel de la vie des ouvriers, à avancer pas à pas dans un *fontis* qui avoit tellement ébranlé la maçonnerie de l'aqueduc, qu'on ne pouvoit se dispenser de la reconstruire après coup; et, pour le faire solidement, il auroit fallu en prolonger les fondations depuis le massif du chenal jusques dans le fond des carrières, dans une profondeur de 12 à 13 toises. Un examen attentif du local me fit connoître qu'il seroit préférable, pour la solidité, pour l'économie, pour la célérité de l'ouvrage et pour la sûreté des ouvriers, de changer la direction de l'aqueduc, dans cette étendue de son cours, en profitant des piliers de masse et des ciels bien conservés qui existoient dans une direction plus allongée, et en construisant des massifs de distance à autre entre les piliers de masse trop éloignés pour le soutien des plafonds. Ce projet s'est exécuté avec succès.

Un nouveau *fontis*, percé au mois de mai 1784, a entraîné une deuxième portion de l'aqueduc, et a prouvé la nécessité d'en changer la direction dans tout le cours excavé.

Pour déterminer l'opinion qu'on peut prendre des travaux qui ont été faits dans ces diverses parties de carrières, je crois convenable d'ajouter ici un extrait du rapport qu'en ont fait au conseil les commissaires que m'avoit accordé le ministre des finances, en 1779.

Extrait du rapport des commissaires, du 28 février 1780.

. . . .

» Après avoir vu et examiné les plans » relatifs à cette partie, nous sommes des- » cendus aux carrières par l'escalier d'an- » cienne construction, établi dans la petite » cour du Val-de-Grâce, et avons parcouru » les excavations faites dans le terrein, » église et édifices de ce couvent. . . .

. . . .

» Il a été fait sous l'église et sous les bâti-
» mens les plus essentiels, des piliers de
» construction, qui, étant ajoutés à ceux de
» masse, réservés dans l'exploitation des
» carrières, paroissent procurer une solidité
» suffisante. Les jardins n'ayant pas été as-
» surés avec les mêmes soins, plusieurs en-
» droits présentent des *cloches*, et le danger
» de voir des *fontis* se former.

» Ces carrieres n'ont que sept, et jusqu'à
» dix pieds de vuide. La hauteur des terres
» au dessus, sous le Val-de-Grâce et le fau-
» bourg Saint-Jacques, est de cinquante
» pieds, et souvent plus. Les piliers de masse
» s'écrasant sous ce fardeau, dans les plaines,
» n'y forment qu'un enfoncement de quel-
» ques pieds; mais ces accidens arrivant sous
» les bâtimens et rues de l'intérieur de la
» ville, il ne pourroit manquer de s'ensuivre
» les accidens les plus funestes. Les *fontis*
» sont toujours dangereux, parce qu'ils for-

Nota. Les commissaires n'ont pas tout pu voir dans le même détail. Il y a des endroits où le vuide des excavations est de 20 à 25 pieds.

La profondeur sous le Val-de-Grace est de 51 pieds, et sous l'Observatoire de 85 pieds.

» ment un trou profond qui expose à périr » tout ce qui en est voisin. M. Guillaumot » a dirigé notre attention sur plusieurs de » ces *fontis*, dont quelques uns ont formé » leur effet, d'autres sont dans leur progrès.

» Les *fontis* commencent par ce qu'on » appelle *cloche*, qui se forme par la rup- » ture, ou l'exfoliation du ciel de la car- » rière. Les espaces excavés, très-étendus, » sans piliers de masse, y sont sujets; une » partie des terres et matières au dessous, » tombe et forme un enfoncement d'abord » peu considérable; ce qui en tombe dans le » vuide de la carrière, est écarté souvent » au loin par son poids et sa chute. Les » mêmes effets se succédant, l'ouverture » dans le bas s'élargit et forme, en s'appro- » fondissant, une espèce de cône, qui s'élève » insensiblement, et son sommet parvenant » aux terres légères, elles tombent de plus » haut avec plus d'abondance, elles s'écar- » tent davantage; la *cloche* devient d'une » étendue et d'une hauteur effrayante, et » arrivant près de la surface, les terres sont » entraînées avec rapidité. Leur éboulement » par l'ouverture qui se fait au dessus de la » *cloche*, forme un précipice appellé *fon-*

» *tis*, dont l'ouverture s'aggrandit en raison » de la hauteur des terres, et de la facilité » que les premières parties tombées ont eu » de s'écarter dans la carrière. Les effets de » ces *fontis* présentent des dangers d'autant » plus grands, qu'on ne peut les prévenir, » et les cultivateurs dans leurs champs sont » exposés aux mêmes dangers que les voya- » geurs sur les chemins. Nous avons par- » couru la rue Saint-Jacques jusqu'à l'Ob- » servatoire, ayant fréquemment sous les » yeux les divers plans relatifs aux endroits » où nous nous trouvions, et nous avons » remarqué que les ouvrages ayant été » portés principalement dans cette partie, » la voie publique s'y trouve assurée par des » piliers de bonne construction, soit en » pierres, soit en moilons, maçonnés en » mortier. On y a même employé de la meu- » liere dans quelques parties, où l'on n'a » pas cru devoir excaver pour avoir des ma- » tériaux.

» Ce travail a été fait avec soin, en for- » mant une galerie sous chaque côté de la » rue, de manière à soutenir les façades des » maisons, aussi bien que la voie publique. » Les endroits où la galerie se trouve ar-

» rêtée par la masse, sont percés à travers » cette masse, ce qui produit les matériaux » nécessaires pour faire des parties de murs » et voûtes, souvent nécessaires pour for- » mer ces galeries. Plusieurs *cloches* ont été » remplies par dessous, lorsqu'après avoir » ramassé la terre, on les entoure d'une » construction appellée *hague*, qui n'est » qu'un foible mur de petits moilons em- » ployés à sec, uniquement pour contenir » les terres ; on ramasse ensuite des re- » coupes, et on en remplit le vuide du cône » jusqu'au sommet. Les ciels de carrières » trop étendus ou fracturés, sont soutenus » par des piliers de maçonnerie, ou par » d'autres qu'on appelle *piliers à bras*, » parce qu'ils sont composés de morceaux » de pierres, élevés à force d'homme, » posées à sec les unes sur les autres. Les » galeries, pratiquées à travers les remblais, » sont bordées de *hagues*, et des terres sont » bourrées derrière.

» On rencontre assez fréquemment des » doubles carrières dans cette partie. Cette » manière d'exploiter les carrières, a donné » lieu aux plus grands inconvéniens, en ce » que la profondeur de l'excavation est de

» beaucoup augmentée, et que l'ignorance » des carriers ne leur a pas laissé apperce- » voir qu'ils forment souvent des vuides » dans la seconde, sous les piliers de la pre- » mière.

» Nous avons suivi ces carrières, jusqu'à » la jonction du rempart au chemin d'Or- » léans ; l'aqueduc des eaux d'Arcueil, dont » plusieurs *fontis* ont occasionné la rupture » et l'affaissement, passe en cet endroit. La » nécessité de pourvoir à la conservation de » cet important ouvrage, a exigé qu'il fût » fait plusieurs grands piliers de construc- » tion solide, et nous pensons qu'on doit » les continuer avec activité. Il y a aussi des » doubles carrières en cette partie, et les » exploitations s'étendent à des distances » considérables sous l'aqueduc et la plaine » de Montrouge, Gentilly et autres, qu'on » pourroit parcourir, si ce n'étoit les *clo- » ches*, les *fontis* et les affaissemens des pi- » liers de masse.

Rues Mouffetard et du Banquier; chemins de Fontainebleau et de Choisy.

Presque toutes les maisons de la rue Mouf- fetard, ayant communication aux anciennes fouilles de carrières de ce quartier, par des escaliers pratiqués dans les caves, il a été facile d'en prendre connoissance, et d'en lever les plans. L'examen a fait connoître des vuides considérables sous la rue du Banquier, sous celle des Fossés Saint-Marcel, sous le boulevard de l'Hôpital, et sous les chemins de Fontainebleau et de Choisy. L'exploitation étant de 12 à 15 pieds de hauteur dans plusieurs parties, il a fallu ériger quelques piliers provisionnels, pour soutenir les ciels qui menaçoient d'une chute prochaine, ce qui auroit intercepté les communications; ensuite on a opéré comme sous la rue Saint-Jacques.

Le compte que les commissaires ont rendu de cette partie de carrière, fera connoître combien il étoit important de ne pas se contenter de traiter les endroits connus, et qu'il a été utile, même nécessaire, de rechercher les endroits qui ne l'étoient pas, afin de ne pas laisser subsister des dangers cachés, à côté des réparations les plus solides.

Extrait du rapport des commissaires, du 28 février 1780.

« Nous avons été conduits sous la barrière

» des Gobelins, où nous avons remarqué » différens piliers de solide construction » élevés sous la voie publique, qui dans cette » partie, est excavée sur une hauteur de 9 » à 12 pieds; de-là, continuant à nous » porter hors de Paris, nous sommes par- » venus sous la demi-lune, à la jonction » des chemins de Fontainebleau, de Choisy » et du boulevard neuf.

» Nous avons reconnu, dans cette éten- » due de carrières, plusieurs *cloches* con- » sidérables, les unes sous le pavé, les autres » sous les accottemens, lesquelles venant à » s'ouvrir, engloutiroient tout ce qui se » trouveroit aux environs. Nous avons trou- » vé, dans toute cette partie, les ouvrages » disposés pour être dirigés de la même ma- » nière que dans le quartier Saint-Jacques, » par des galeries aux extrémités de la lar- » geur de la voie publique. M. Guillaumot » nous a fait remarquer une masse de pierres » qui, côtoyant la galerie que nous suivions, » dans une assez grande longueur, sembloit » pouvoir tranquilliser sur la solidité de ce » qui pouvoit se trouver au derrière de cette » masse; cependant M. Guillaumot, ayant » cru devoir s'assurer de son épaisseur, elle

» s'est

» s'est trouvée être très-peu considérable,
» et ce percement a donné à connoître des
» excavations considerables et dangereuses,
» qui s'étendent sous toute la demi-lune,
» et vraisemblablement sous le corps-de-
» garde, à l'angle de la route de Fontaine-
» bleau et du rempart, dont la maçonnerie
» des murs est lézardée en plusieurs parties.
» L'importance de toutes les voies publiques,
» qui se réunissent dans ce point, rend in-
» dispensable la continuité des recherches
» commencées, et les constructions ana-
» logues. »

Marché aux chevaux.

On a aussi trouvé des excavations considérables sous le marché aux chevaux, et principalement sous la partie dite l'*Essai*. Des *fontis*, percés à jour, en ont donné la première connoissance. On sent de quelle importance il étoit d'assurer un sol sur lequel se rassemblent fréquemment une multitude de personnes et de chevaux. Les travaux, pour le rendre solide, ont été faits d'après le même système que les précédens, et des galeries ont été percées dans les masses, pour acquérir la connoissance exacte de toutes les parties excavées.

Rue de Seine Saint-Victor, et Jardin des Plantes.

Si quelque chose pouvoit faire croire à l'existence d'anciennes fouilles de carrieres dans la rue Saint-Jacques, jusqu'au bord de la Seine, vers l'emplacement sur lequel existoit le Petit-Châtelet, c'est d'en avoir trouvé sous une grande partie de la rue de Seine Saint-Victor, qui se termine aussi au bord de la riviere (1). Un *fontis*, formé en 1778, dans le jardin de l'ancien hôtel de Magny, où a été élevé depuis l'amphithéâtre du jardin des Plantes, a fait connoitre que presque toute cette rue étoit excavée, et que non-seulement la voie publique, mais encore la ci-devant église des Nouveaux-Convertis, étoient en grand danger. De-là ces fouilles passoient sous le jardin des Plantes, sous le bâtiment occupé par le célebre Buffon, sous une partie du cabinet d'histoire naturelle,

(1) Feu Caylus dit, dans son recueil d'antiquités, tom. 2, pag. 374, que les souterrains de l'ancien palais des Thermes, dont on voit encore des vestiges, rue de la Harpe, ne sont autre chose que d'anciennes carrières qui communiquent entre elles jusqu'au Petit-Châtelet.

et sous une partie des bâtimens de l'hôpital de la Pitié.

Les travaux ont été dirigés sous la voie publique d'après le système général employé sous la rue Saint-Jacques et autres, et la ci-devant église des Nouveaux-Convertis a été soutenue, en prolongeant les fondations dans le vuide de la carrière. Le même travail a été fait sous les cabinets d'histoire naturelle, et des galeries ont été observées au pourtour, pour pouvoir en tout tems en faire la visite.

Chemin de Vaugirard.

Un enfoncement formé, au mois de juillet 1777, dans la cave d'une auberge, à l'entrée de Vaugirard, où pend pour enseigne : *La Lune éclatante*, a fait connoître que le grand chemin étoit excavé, depuis ce village jusqu'à Paris. On a traité cette partie de la même manière que la rue Saint-Jacques, et voici le compte qu'en ont rendu les commissaires.

Extrait du rapport des commissaires, du 9 mars 1780.

. . . .

» L'exploitation sous ce chemin a été portée à une étendue, dont les limites ne sont pas faciles à connoître. La sûreté du che-

» min étant l'objet principal des fonds et des » dépenses du gouvernement, M. Guillaumot a fait former sous les deux rives, » comme dans la rue Saint-Jacques, des » galeries avec quelques communications » d'un côté à l'autre.

» Les *cloches* ou *fontis* survenus sur la » largeur du chemin, ou près de ses rives, » démontrent la nécessité des ouvrages entrepris.

» Le vuide de ces carrières n'a que six » pieds, et souvent moins; de très-foibles » piliers de masse, ou à bras, ont été ré» servés. Le ciel est composé d'un banc peu » épais, fracturé, et tellement défectueux, » qu'il ne se trouveroit presqu'aucun endroit » suffisamment solide, sans les ouvrages » qu'on y a déja fait. Une grande étendue de » ce chemin n'étant pas connue, les soins » de l'administration y sont portés, et le » travail se dirige de manière à joindre les » galeries; ce que nous pensons être indis» pensable. »

Chemins de Charenton et de Conflans.

Ces chemins avoient été excavés ainsi que presque tous ceux qui sortent de Paris, malgré les loix qui défendent d'en approcher les fouilles de plus pres que de 32 toises(1). Le système de travail, employé sous les autres chemins, a été suivi pour réparer ceux-ci.

Le rapport des commissaires fera connoître l'état de danger où étoient ces chemins, et la nécessité d'y porter remède.

Extrait du rapport des commissaires, du 15 *mars* 1780.

Chemin de Conflans.

. . . .

» Nous avons trouvé une vaste étendue » d'exploitation. Les piliers de masse sont » très-forts, mais trop rares dans ces carrières, dont la hauteur est presque partout de 10 à 15 pieds, en sorte que les » ciels, quoique formés d'un ou de plusieurs » bancs assez solides, se sont fracturés, et » leur rupture a donné lieu à beaucoup de » *cloches*, et à de fréquens *fontis* très-étendus, qui ont bouleversé, en plusieurs

(1) Arrêt du conseil du 14 mars 1741.

» endroits, la surface du sol. La sûreté de
» ce chemin est essentielle. M. Guillaumot
» a dirigé les recherches sous son cours,
» et trouvant par-tout des obstacles par les
» remblais et les bourages que les exploitans
» ont originairement faits, ou par les *fontis*
» survenus depuis, il a fait percer des sen-
» tiers et galeries, et former, en avançant,
» différens piliers, et même des parties de
» murs continus, le tout à pierre sèche, avec
» une dépense médiocre, mais suffisante.
» Des quartiers de pierre et des moilons y
» sont employés. La masse de ces piliers
» est proportionnée à l'étendue et à la nature
» du ciel qu'ils doivent soutenir. »

Chemin de Charenton.

« L'exploitation de cette partie est de
» même nature à peu près, que celle du
» chemin de Conflans, dont elle est la
» suite. Un ciel assez solide, des pi-
» liers de masse de grande force, mais éga-
» lement rares, ont occasionné des *cloches*
» et *fontis* très-fréquens. Plusieurs ouvrages
» et piliers à bras ont été construits par les
» ordres et aux frais de M. de Bercy, an-

» ciennement et à différens tems. Ces ou-
» vrages, en annonçant le zèle de ce sei-
» gneur pour la sûreté publique dans l'éten-
» due de sa censive, ne remplissent pas
» tout-à-fait leur objet, en ce que la plupart
» dans les endroits les plus nécessaires, bor-
» nent d'assez grandes masses, dont le pour-
» tour seulement est construit à pierres
» sèches, mais l'intérieur est rempli de
» terre; ainsi ne pouvant compter sur ces
» premiers ouvrages, dont quelques uns se
» sont déja détruits par le poids des terres
» supérieures, nous nous sommes convaincus
» de la nécessité de pourvoir par des moyens
» plus sûrs à l'inconvénient des *fontis* fré-
» quens, à l'altération et souchèvement d'un
» grand nombre de piliers de masse, aug-
» mentés encore en quelques endroits par
» des doubles carrières; quelques parties de
» ces exploitations s'étendent sous le grand
» chemin et la croix, à l'entrée du village
» de Charenton. Des *fontis* marquent l'é-
» tendue que l'excavation occupe; mais plu-
» sieurs de ces *fontis* étant sous le chemin,
» mettent en risque la voie publique, et
» présentent la nécessité urgente de diriger
» ces travaux en conséquence, et même d'en

» augmenter l'activité, pour établir les piliers » de construction, que nous estimons qu'on » peut continuer à faire à pierres sèches, » avec les matériaux que le lieu fournit, et » faire les remblais nécessaires pour assurer » la voie publique, à mesure qu'on poursui- » vra la recherche des excavations qui se » trouvent au dessous. »

Le défaut de fonds a fait suspendre ces deux atteliers depuis plusieurs années, mais il est indispensable et instant de les remettre en activité.

Carrières de Saint-Maur.

La grande rue s'est trouvée excavée, ainsi que le chemin qui descend au pont, et plusieurs autres parties de cette commune. La plaine qui l'entoure, est criblée de *fontis* et de *cloches*, et est dans le plus mauvais état. Les réparations ont été commencées sous la grande rue et sous le chemin du pont; mais depuis plusieurs années, le défaut de fonds a fait suspendre cet attelier, qui demande cependant toute l'attention du gouvernement.

Lorsque les commissaires firent la visite de

ce canton, peu de plans étoient levés. Voici le compte qu'ils en ont rendu.

Extrait du rapport des commissaires, du 20 avril 1780.

» Nous avons été conduits sur la partie » de plaine entre le bourg et la rivière, du » côté du midi. La surface de cette plaine » annonce qu'il est deja survenu différens » *fontis*. . . . .

» . . . .

» Les plans, qui ont été faits d'une partie des » carrières de cette plaine, et qui sont de » la même exactitude que ceux que nous » avons déja vus, nous ont fait connoître » que cette exploitation, suivie depuis long- » tems avec lenteur et négligence, a été » portée par différens rayons sous le che- » min. . . . .

» . . . .

» Cette carrière, et beaucoup d'autres qui » existent sous cette plaine, n'ont pu être » visitées que par portions de petite éten- » due, parce que les *fontis* ou *cloches*, en » bouchent les communications, et qu'il n'a » été fait jusqu'à présent aucun ouvrage pour

» dégager ces obstacles; mais si on peut en
» juger par ce que nous avons pu voir, toutes
» ces exploitations sont vicieuses, les piliers
» de masse peu fréquens, sans aucun autre
» ouvrage pour y suppléer, de sorte qu'on
» peut assurer que par ce travail indiscret,
» où il semble qu'aucune inspection n'a été
» portée, les carriers ont mis non-seulement
» cette partie de plaine en danger, mais
» encore le chemin dont nous venons de
» parler, et quelques parties de possessions
» de plusieurs particuliers. . . . . .
» . . . .
» Conduits ensuite dans une autre partie de
» carrière sous la grande rue, formant le che-
» min unique de Paris au château, et l'entrée
» principale du bourg, cette partie a été
» reconnue dangereuse, au moyen des plans
» qui en ont été levés, les excavations s'é-
» tendant sous les chemins et sous les mai-
» sons. »

On voit par cet exposé, combien ce canton a besoin d'être réparé. Il a été fait à la vérité beaucoup de travaux depuis le tems de ce rapport, sous la grande rue, et sous la descente au pont ; mais il s'en faut de beaucoup qu'on ait pu remédier à tous les dangers.

CARRIÈRES A PLATRE.

Evènement de Ménilmontant.

Les carrières à plâtre de Montmartre, Belleville, Ménilmontant, etc. s'exploitoient depuis long-tems par *cavage*, c'est-à-dire, par des bouches qui conduisoient sous terre à d'assez grandes profondeurs. La difficulté et la dépense qu'auroit occasionné un déblai de 40, 50 et jusqu'à 80 pieds de terres, qui recouvrent la masse de plâtre existante au dessous, avoient donné lieu à cette méthode, qui étoit sujette à mille inconvéniens.

Lorsqu'on étoit parvenu à cette masse, au moyen d'une galerie qu'on dirigeoit de manière à en rencontrer le haut, on laissoit une épaisseur de 3 à 4 pieds pour servir de ciel, et l'on s'enfonçoit dans la masse, tant horizontalement que verticalement, en élargissant par le bas, et en formant une espèce d'arc gothique. Le ciel étoit soutenu par quelques traverses de bois qui, exposées alternativement à l'humidité et à la sécheresse, se détachoient souvent, et, en tombant, écrasoient les ouvriers. Les bois qui résistoient à cette alternative, pourissoient, et ne servoient plus de soutien au ciel, qui se détachoit peu à peu, et tomboit par morceaux. Les m rnes qui le recouvroient, le suivoient. Il se formoit d'abord une *cloche*, et enfin un *fontis*, qui, en perçant à la superficie, engloutissoit tout ce qui se trouvoit au dessus. L'obscurité, la profondeur du lieu, tout favorisoit les carriers pour pousser leurs fouilles sous les terres de leurs voisins, dont ils envahissoient la propriété, en mettant leur vie dans le plus grand danger.

Une carriere de ce genre s'exploitoit vers le haut du chemin de Ménilmontant, et presqu'au bord du pavé. Différens *fontis*, percés avant la formation de la commission des carrieres, avoient causé de justes allarmes. Un nouveau *fontis* perça au mois de juin 1777. Le bureau des finances qui avoit la police des chemins, et qui, par suite, avoit une attribution sur le fait des carrieres qui les avoisinent, en prit connoissance, et ordonna une décharge de gravats pour combler celle de Ménilmontant. Ce lieu est trop loin de la ville, pour que la décharge put opérer promptement le comblement d'une carriere dont le vuide contenoit près de trois arpens, de superficie, sur 55 à 60 pieds de hauteur. Tandis qu'on s'en occupoit, il se formoit de nouvelles *cloches*, et notamment sous le chemin qui conduisoit du pavé au trou par lequel on jettoit les gravats. Enfin, le 27 juillet 1778, sept personnes attirées à la promenade par le beau tems, se croyant en sûreté sur ce chemin de décharge, furent englouties dans un nouveau *fontis* qui s'ouvrit sous leurs pieds. Cet événement, qui mit en deuil trois familles, jetta l'effroi dans tout Paris. Les ouvriers de tous les atteliers accoururent dans l'espoir de retirer encore vivantes ces malheureuses victimes; mais, après dix à douze heures de travail, on conçut l'inutilité d'une pareille entreprise. Un procès, qui s'étoit élevé entre l'ancien propriétaire de cette carriere et un nouvel acquéreur, venoit d'être porté au parlement, qui voulant sevir contre cette vicieuse exploitation, desirât qu'on pût retrouver les cadavres. Je reçus en conséquence ordre de travailler à leur recherche; à l'inspection de la carriere, je fus convaincu qu'ils étoient à une grande profondeur; je pris donc des précautions contre les éboulis des terres, pour ne point exposer la vie des ouvriers dans un déblai aussi considérable. On établit à cet effet une cage de charpente, au moyen de laquelle les ouvriers parvinrent à plus de 80 pieds de profondeur, sans courir le moindre risque. La première des malheureuses victimes de cette vicieuse méthode d'exploitation, fut trouvée le sixième jour, à plus de 50 pieds de profondeur, et la septième et dernière fut retirée à plus de 80 pieds, le 20 août, vingt-cinq jours après l'événement affreux qui les avoit fait périr.

Cette catastrophe détermina la déclaration du 29 janvier 1779, qui proscrit l'exploitation des carrieres à plâtre par *cavage*, et ordonne qu'elles seront désormais exploitées à découvert, et à tranchée ouverte. En même tems, il fut ordonné que les carrières, exploitées jusqu'alors par *cavage*, seroient comblées par le renversement des piliers. On commença par celle de Menilmontant, qui avoit occasionnée la loi. Il fallut d'abord s'essayer et tâter, pour ainsi dire, l'effet de ces mines d'un nouveau genre, où il ne s'agissoit pas seulement de renverser les piliers, pour provoquer la chute des ciels et de la masse de terre qui les recouvroit ; il falloit encore s'assurer du parfait comblement ou vuide de la carriere, et diriger le feu, de maniere que le fond fût comblé avant l'entrée, afin que rien ne pût intercepter l'explosion, et que si quelque chose manquoit, on put revenir à la charge.

Les expériences justifierent la prudence des premieres tentatives, qui se firent partiellement ; mais lorsqu'on se fût familiarisé avec les procédés, on tenta des opérations en grand. Les commissaires furent appellés le 20 mars et le 23 mai 1780, aux deux plus considerables, et voici le compte qu'ils en rendirent.

Extrait du rapport des commissaires, du 20 mars 1780.

« Il a été fait un nouvel examen des plans » très-nombreux rédigés sous la conduite » de M. Guillaumot, lesquels comprennent » non-seulement tout ce que nous avons » pu voir et visiter des carrières, mais en- » core un grand nombre d'endroits égale- » ment essentiels, où nous nous proposons » de porter successivement notre attention.

» Ces plans représentent avec exactitude » l'état de la surface des rues, chemins et » quartiers de l'intérieur de Paris, et partie » des plaines où les carrières ont été re- » connues ; les ouvrages qui ont été faits » pour en établir la sûreté, en ce qu'il a » été jusqu'à présent possible, et les moyens » de reconnoître, et constater ce qu'il peut » être convenable de faire avec prudence et » économie, pour se conformer aux vues » du gouvernement. Ces plans présentent » aussi, avec la même clarté, l'état des » carrières à plâtre, situées au nord de Paris, » dont plusieurs ont déja été détruites par » le travail et l'effet des mines, qui paroît » être le meilleur, et pour ainsi dire, le » seul moyen d'éviter les dangers occa- » sionnés par leur exploitation extraordinai- » rement élevée, et la hauteur des terres » qui se trouvent au dessus ; les cloches et » les fontis sont par cette raison extrême- » ment dangereux, et quelquefois très- » funestes.

» Nous avons porté une attention parti- » culière au plan de celle en tête de la butte » de Chaumont près Belleville, dont 24 » piliers ont été minés, en y pratiquant 200

chambres,

chambres, dans lesquelles ont été distribuées environ 2600 livres de poudre ; ces chambres communiquant par différens conduits pour produire leur effet. . . . .

. . . .

« Nous en avons parcouru l'intérieur, et » reconnu l'étendue considérable de son ex- » cavation, portée presque par-tout à 50 ou » 60 pieds, la hauteur des masses au dessus » étant de 60 à 80 pieds. Les dangers qui y » existent, se présentent par-tout dans cette » vaste carrière.

» Ces dangers, et les événemens auxquels » ils ont donné lieu, ont porté l'adminis- » tration à ordonner la destruction de plu- » sieurs. L'opération que nous décrivons est » une suite de cette résolution.

» Après avoir vu toutes les dispositions » prises pour l'effet de ces mines. . . .

. . . .

» Nous avons été placés sur une éminence » hors, et proche de l'enceinte marquée par » des piquets, jusqu'où pouvoit s'étendre » l'effet des mines. Le signal a été donné » pour y porter le feu ; nous avons enten- » du leur explosion successive, dont la tota- » lité s'est opérée en moins de deux mi-

» nutes. Les parties au fond de la carrière » près desquelles nous étions, ayant été les » plus chargées, nous ont fait éprouver des » commotions, et aussi-tôt la surface du » terrein s'est affaissée par le comblement » et la chute de cette masse prodigieuse de » terre dans le carrière; plusieurs paties « sont restées en éminence; les bords de » l'escarpement se sont entr'ouverts, et » ont annoncé une succession de chutes et » éboulis, qui doivent durer plusieurs » jours. . . . .

. . . .

Extrait du rapport des commissaires, du 23 mai 1780.

» Nous nous sommes transportés à la butte » de Chaumont, près de Belleville, dans une » vaste carrière à plâtre, exploitée par ca- » vage. . . . .

. . . .

» Nous en avons parcouru l'intérieur, et » reconnu l'étendue considérable de l'ex- » ploitation, portée comme celle dont nous » avons rendu compte dans notre rapport » du 20 mars, à 50 et 60 pieds de hauteur,

» sous une masse de terre de 70 à 80 » pieds. Les dangers s'y présentant par-tout, » ont déterminé l'administration à en or- » donner la destruction.

» Trente piliers de masse soutenant le ciel » de cette carrière, dont la superficie est » d'environ 5 arpens, ont été affoiblis, et » ensuite percés d'environ 250 trous de » mine, chargés de cartouches, contenant » au total 3000 livres de poudre à canon. .

. . . .

» Le signal a été donné pour porter le » feu aux mèches ; nous avons entendu l'ex- » plosion successive de toutes les mines, » dont la totalité s'est opérée dans environ » deux minutes et demie, et aussi-tôt la sur- » face du terrein s'est affaissée par le com- » blement de la chute de cette masse pro- » digieuse de terre dans la carrière ; l'extré- » mité du vuide de ce cavage ayant été mar- » quée à la superficie par des piquets à plomb » de la masse restante, il a été reconnu que » tous ces piquets sont tombés avec les terres » de cette superficie, de manière à justifier » l'exactitude des opérations de l'ingénieur- » géographe. L'affaissement de cette super- » ficie s'est fait de manière à ne laisser aucun

» doute sur le parfait comblement du vuide » de cette carriere. »

Tel étoit à-peu-près l'état des carrières connues, et des travaux commencés vers le milieu de 1780. Les galeries des recherches, percées depuis cette epoque, ont fait connoître des excavations autant, et plus dangereuses, sous les terreins des ci-devant *Chartreux*, sous les rues *Cassette*, *Pot-de-Fer*, *Vaugirard* et *Notre-Dame-des-Champs*; sous quelques parties du jardin du *Luxembourg*, sous les rues des *Vieilles-Tuileries*, du *Regard*, de *Tournon*, de *Condé*, du *Théâtre-Francais*, de l'*Arbalétre*, *des Postes* et de *l'Oursine*; sous presque toutes les barrières des nouvelles clôtures de Paris. Il en a été trouvé de tres-considérables sous les rues de *Chaillot*, *Passy* et *Saint-Cloud*; et aux abords de *Saint-Germain* et de *Poissy*; d'autres derrière la manufacture de porcelaine à *Sèvres*; enfin, des cavages immenses de carrieres à plâtre, dans les environs de *Montmartre*, *Pantin*, *Charonne*, *Bagnolet*, *Châtillon*, *Bagneux*, *Fontenay-aux-Roses*, *Fontenay-sous-Vincennes*, *Triel*, et sous la grande route de *Grisy*, au-delà de *Pontoise*.

On a commencé dans celles à pierre les réparations d'après le systême approuvé, et une partie de celles à plâtre exploitées en cavage, ont été détruites par la mine. Malheureusement les abus de la liberté en ont fait former de nouveaux, dont la destruction est indispensable, et les économies nécessitées par les circonstances, ont forcé l'administration à suspendre plusieurs ateliers qu'il est de la plus grande importance de remettre promptement en activité. Malgré les réparations considérables qui ont déja été faites, il en reste encore de plus considérables à faire, et tout le mal n'est pas connu. La prudence ne permet pas de laisser subsister des dangers en apparence invisibles, mais dont l'existence se préjuge par des indices que l'expérience a toujours reconnus pour infaillibles.

Tous ces travaux ne se sont pas faits sans beaucoup de risques pour la vie des artistes qui les conduisent, et des ouvriers qui les exécutent; plusieurs de ces derniers ont été tués, un grand nombre blessés et estropiés; et l'on peut dire que, dans les premières années, aller aux carrières, c'étoit aller à la tranchée. Bien des nuits ont été passées, pour empêcher, par un travail forcé, le percement spontanée de *cloches* formidables, sous plusieurs rues tres-passagères.

Le mal des carrières est celui de plusieurs siècles ; il ne peut donc pas être réparé dans un petit nombre d'années. Ni moi, ni mes coopérateurs n'en verrons la fin. D'autres auront cet avantage ; mais j'ai lieu de croire que nous leur avons frayé la route, et qu'ils n'auront rien d'essentiel à changer au système que j'ai adopté. Divers motifs ont fait charger, à différens tems, de la conduite et direction d'une grande partie de ces travaux les citoyens *Demoustier*, ingénieur en chef des ponts et chaussées, *Duchemin*, inspecteur-général du pavé de Paris, et *Bralle*, ingénieur hydraulique, et ces artistes distingués n'ont rien trouvé à changer à ce système, à l'exécution duquel ont si bien concouru les citoyens *le Bossú*, chargé de la conduite et inspection des constructions en maçonnerie; *Vandermarq*, chargé spécialement de celle des ouvrages de terrassemens, pour la réparation des *cloches* et *fontis*, et des dispositions relatives à la destruction par la mine, des anciennes carrières à plâtre exploitées par *cavage; Husset*, ingénieur en chef pour la levée des plans, indications des points et directions pour l'établissement des constructions, et pour celles des percemens de galeries ; et *Caly*, son aide et digne second pour les mêmes opérations. Sans leur zèle, leur constance, leur infatiguable activité, et leur courage dans les dangers auxquels ils ont été exposés en différens tems, et qui se renouvellent encore souvent, je n'aurois pu empêcher les événemens les plus désastreux, et je remplis ici, avec plaisir, un véritable devoir, en les associant au succès de ces travaux, auquel ils ont tant contribué, par des peines et des fatigues incroyables.

Résumé ou *Post-Scriptum*.

Le mal résultant des anciennes fouilles de carrières, existantes sous le sol de Paris, et des plaines environnantes, est réel, et le danger est imminent. Les procédés par lesquels on y remedie, sont approuvés par d'habiles constructeurs, et une expérience de vingt années démontre leur efficacité. Le moindre retard dans la réparation des parties en danger, peut occasionner les désastres les plus affreux. Ce mal est fort ancien et fort étendu. Les excavations se portent dans le seul ressort du département de la Seine, du nord au midi, depuis Pierrefitte jusqu'à Antony ; et du levant au couchant, depuis Créteil jusqu'à Nanterre. On ne peut y remédier qu'avec beaucoup de tems, et beaucoup d'argent. Il faudroit au moins 150 ouvriers, employés constamment à ces travaux, dans les parties connues, et en ce moment, à peine peut-on en payer 20, outre les inspecteurs et les ingénieurs, dont le traitement est insuffisant, la lumière, et autres dépenses accessoires. L'administration centrale du département de la Seine, qui n'a pas suffisamment de fonds à sa disposition pour ses charges locales, ne peut pourvoir efficacement à une dépense, qui doit nécessairement tôt ou tard entrer dans les dépenses générales de l'état, puisque le mal provient de l'extraction des matériaux qui ont servis à la construction de tous les monumens nationaux d'une ville qui renferme dans son sein, le corps législatif, le pouvoir exécutif, le tribunal de cassation, la trésorerie nationale, et tous les autres établissemens généraux de la république, qui obligent les citoyens de tous les autres départemens à des transports indispensables dans cette commune. Ces citoyens doivent trouver sécurité dans les habitations, et sur les routes qui y conduisent; ainsi les travaux à faire pour la solidité de ces habitations, doivent être considérés comme une dette nationale; c'est ce qu'a exposé le conseil général du premier département, dans son arrêté du 14 décembre 1791.

Quelqu'embarrassantes, et quelqu'effrayantes que soient les vérités que je suis forcé de révéler ici, il est de mon devoir de ne pas les taire, afin que d'une part, le gouvernement puisse aviser aux moyens d'y pourvoir; et que d'une autre part, je ne reste pas exposé à succomber sous le poids d'une responsabilité, contre laquelle il me manque le seul moyen de résistance efficace,

DES FONDS SUFFISANS.

Paris, ce 20 thermidor an V.

De l'imp. de LE NORMANT, rue des Prêtres S. G. l'Aux.

www.ingramcontent.com/pod-product-compliance
Ingram Content Group UK Ltd.
Pitfield, Milton Keynes, MK11 3LW, UK
UKHW021504260726
13993UKWH00004B/1552